PUBLICATION DE LA RÉUNION DES OFFICIERS

NOTES SUR L'ORGANISATION

DU

SYSTÈME DÉFENSIF

DE PARIS

PAR

LE GÉNÉRAL TRIPIER

PARIS

CH. TANERA, ÉDITEUR

LIBRAIRIE POUR L'ART MILITAIRE ET LES SCIENCES

Rue de Savoie, 6

—

1873

NOTES SUR L'ORGANISATION

DU

SYSTÈME DÉFENSIF DE PARIS

PARIS. — IMP. A. DUTEMPLE, 64, RUE BONAPARTE.

BLICATION DE LA RÉUNION DES OFFICIERS

NOTES SUR L'ORGANISATION

DU

SYSTÈME DÉFENSIF

DE PARIS

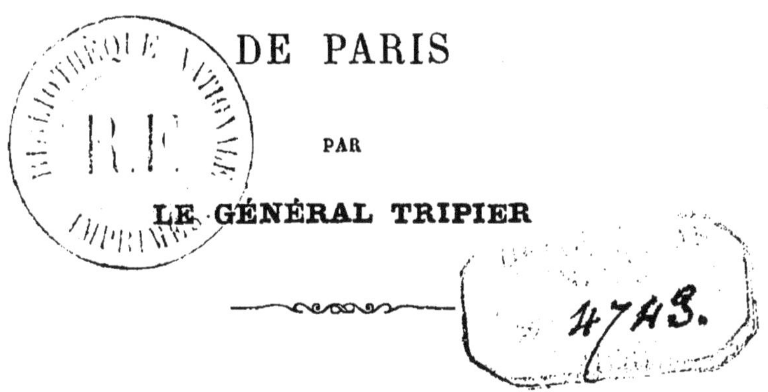

PAR

LE GÉNÉRAL TRIPIER

PARIS

CH. TANERA, ÉDITEUR

LIBRAIRIE POUR L'ART MILITAIRE ET LES SCIENCES

Rue de Savoie, 6

1873

NOTES SUR L'ORGANISATION

DU

SYSTÈME DÉFENSIF DE PARIS

I

But que doivent atteindre les fortifications de Paris. — Les motifs qui ont fait construire les fortifications de Paris subsistent avec toute leur force. C'est là le cœur de la France, et une fois cette ville au pouvoir de l'ennemi, toute résistance cesse ; c'est un fait regrettable, mais c'est un résultat d'expérience. Un second point établi par les enseignements de la dernière campagne, c'est que Paris, par sa valeur propre, par les magnifiques positions qui l'entourent, par les immenses ressources qu'il renferme en hommes, en matériel, en industrie, en puissance de toute nature, peut défier pendant un temps beaucoup plus long qu'on ne s'accordait à le reconnaître les efforts d'un ennemi supérieur en nombre, en énergie, en instruction et discipline, en matériel d'artillerie, en direction et en esprit de suite. On comprendra un jour la faute qu'on a commise dans cette funeste campagne en immobilisant en arrière de forts détachés des armées qui, au lieu d'attendre passivement une attaque que l'ennemi ne voulait et ne pouvait pas entreprendre, auraient dû sortir de cette attitude, prendre l'offensive et tenter de reproduire, autour des positions centrales qu'elles occupaient, les prodiges dont Bonaparte à Vérone, en 1796, et Masséna à Gênes en 1800, nous ont donné l'exemple. Il faut espérer que cette faute ne se reproduira plus à l'avenir, et cependant on doit prévoir le cas où, faute d'avoir muni Paris d'une armée nombreuse, instruite et bien commandée, cette place, objectif de l'ennemi, se présentera à lui dans des conditions d'infériorité qui le détermineraient à tenter de la réduire par le bombardement. La ceinture de forts qui entoure Paris a été construite pour parer à ce danger, le plus grand de tous et, par suite, le premier dont on doive se préoccuper.

Défauts des forts existants. — Si ces forts étaient placés assez loin de l'enceinte, sur des positions dominantes, tracés de manière à offrir peu de prise aux coups de l'ennemi et à permettre de lutter avec lui dans de bonnes conditions, il suffirait d'apporter à l'organisation de chaque ouvrage les améliorations de détail que nécessite le progrès incessant de l'artillerie, mais il n'en est pas ainsi.

Au sud de Paris, les forts sont trop près de l'enceinte ; ils n'ont aucune action sur des positions peu éloignées desquelles l'ennemi peut canonner et les forts et l'enceinte, atteindre l'intérieur de Paris, détruire ou tenter de détruire les magasins et les usines dont la conservation est indispensable à l'existence de ce grand centre de population. La position de ces forts est mauvaise ; ils sont à déplacer.

Du côté de l'ouest ils font presque complétement défaut.

A l'est, leur assiette est très-satisfaisante, mais leur tracé est défectueux. Le front étroit qui fait face à l'ennemi ne leur assure pas une action suffisante au dehors et, en outre, ils sont balayés dans leur longueur par les projectiles de l'ennemi.

Enfin au nord, la petite ville de Saint-Denis, centre populeux et industriel, reste exposée au bombardement, qu'elle a supporté d'ailleurs avec beaucoup de courage ; mais ce qui est plus grave encore, les défenses sont dominées de face et prises complétement d'enfilade sur leur gauche.

Enseignements tirés des événements de la dernière campagne. — 1° *Assiette des forts.* — Ces défauts, reconnus depuis plusieurs années, sont si graves que les premières mesures prises en 1870 ont eu pour objet de reporter la ligne des forts du sud en avant, sur les hauteurs de Meudon, Châtillon, Villejuif, et de compléter la ligne de l'ouest en construisant les ouvrages de Montretout et de Gennevilliers. L'expérience a fait voir que ces mesures étaient indispensables. Les forts d'Issy, de Vanves et de Montrouge, soumis aux feux convergents des batteries de Breteuil, Meudon, Châtillon et Bagneux, ont été fort endommagés par quelques jours de bombardement, et couraient le danger d'être enlevés par l'ennemi ; les forts de l'est, hors d'état de lutter avec l'ennemi, restaient néanmoins à l'abri de ses attaques ; quant aux défenses de Saint-Denis, le feu de l'ennemi, ouvert dans les derniers jours du siége, avait eu une action destructive assez puissante pour donner les plus graves inquiétudes, si la lutte n'avait été arrêtée par l'armistice.

2° *Organisation des ouvrages.* — Outre les conclusions qu'on peut tirer de ce qui précède en ce qui concerne l'assiette des forts, les faits venaient aussi nous apporter de précieux enseignements relativement aux modifications que réclame l'organisation de ces ouvrages. — Dès le premier moment du bombardement, le feu de nos forts s'était éteint subitement, pour se rallumer plus tard dès qu'on a eu construit sur la ligne des forts des batteries isolées armées de pièces de gros calibre, procurant à la défense un front actif égal à celui de l'ennemi. On avait ainsi réalisé, sous la pression de la nécessité, l'idée de Vauban qui voulait entourer Paris d'une double enceinte ; la ligne des forts était devenue ce qu'elle doit être, une enceinte discontinue constituée par une ceinture de tranchées auxquelles les forts servaient de réduits et de points d'appui. Nous insisterons sur ce point que la ceinture de forts à établir en avant de l'enceinte continue n'est pas un chapelet de petites places isolées, croisant leurs feux : elle doit être une enceinte de combat, enceinte discontinue ou à intervalles, dont chaque fort est un élément, et dont les intervalles sont, au moment du besoin, fermés par des ouvrages en terre, par une ligne de tranchées, véritable chemin couvert (le meilleur ouvrage de fortification lorsqu'il est soutenu par de bons réduits) facile à franchir par l'infanterie et muni de passages larges et nombreux pour l'artillerie et la cavalerie. Cette organisation, qui assure aux troupes toute l'assiette et la solidité désirables sans leur enlever la mobilité et la faculté de manœuvrer, répond à tous les besoins; elle est excellente; nous n'en concevons pas d'autre.

Quant aux forts, ils sont destinés à entrer en jeu dès le début si la ville est abandonnée à ses seules ressources, et dans le cas contraire à soutenir l'effort de la lutte suprême après qu'on aura échoué dans les opérations de la défense active ou défense extérieure. Rien ne sera donc ménagé pour leur assurer tous les moyens de résistance et d'action et les munir d'une artillerie puissante et invulnérable.

En somme, une enceinte de sûreté, qui est l'enceinte continue actuelle plus que suffisante, une enceinte de combat discontinue ou à intervalles, constituée par des forts bien placés, minces, d'un front étendu, tel est le minimum de ce qu'exige l'organisation défensive de Paris ; quel que soit le parti qu'on prendra pour la défense active, il faut, avant tout, compléter la ligne qui vient d'être définie. C'est là le premier point que nous tenons à établir.

Les conditions stratégiques de la défense éloignée sont sans influence sur l'assiette de la ligne des forts détachés. — Toutefois, du moment qu'on admet la nécessité de déplacer certains forts, on doit se préoccuper de l'éventualité où les ouvrages nouveaux s'approcheraient assez de la limite d'occupation extérieure, telle que la définit le terrain, pour que cette limite et la ligne des forts qu'on a appelée enceinte de combat vinssent influer l'une sur l'autre. On a dû par suite chercher d'abord quelle devait être la limite de l'occupation extérieure, et l'on doit dire tout de suite que cette limite doit être, comme on va le voir, reportée assez en avant des forts pour rester sans influence sur leur assiette.

Propriétés stratégiques de la position centrale de Paris. — La position militaire de Paris est peut-être unique. Placé au centre des vastes plaines de la Picardie, de la Brie, du plateau d'Orléans, de la Beauce, Paris se trouve au fond d'une cuvette où aboutissent de nombreux cours d'eau. La Seine parcourt le fond de la vallée en décrivant de nombreux replis, qui forment autour de chaque boucle un fossé naturel. Elle reçoit l'Orge, grossie de l'Yvette, l'Yères, la Marne, la Bièvre et l'Oise. Les vallées de ces rivières et de leurs affluents découpent les plateaux environnants en mille anfractuosités et multiplient aux environs de Paris les positions militaires offensives et défensives. De tout temps ces propriétés ont été connues, et le triangle Saint-Denis, Meudon, Vincennes est à la fois l'expression la plus ancienne et la plus élémentaire du champ d'opérations de Paris. En 1870, malgré les mauvaises conditions dans lesquelles s'était constituée la défense de Paris, on aurait pu obtenir des résultats sérieux et peut-être décisifs si l'on ne s'était pas tout d'abord claquemuré dans l'enceinte en arrière des forts. Les efforts qu'on a faits depuis, sans grand succès, parce qu'on avait perdu l'avantage du terrain et que nous nous présentions à l'ennemi sur un front étroit facile à écraser, ont eu pour objet de reprendre aux Allemands les positions dominantes qu'on avait eu le tort de leur abandonner, et dont l'occupation leur permettait de nous étreindre dans une ceinture de fer. D'ailleurs les eût-on enlevées cela n'aurait pas suffi pour permettre d'opérer une jonction avec les armées de province qui cherchaient à nous donner la main. En arrière de ces obstacles naturels il y en avait d'autres, et quand l'armée de Paris les aurait tous surmontés et aurait pu enfin déboucher, le cercle de fer se serait refermé derrière elle, parce qu'on avait négligé de prendre les mesures nécessaires pour nous assurer la possession permanente des positions momentanément enlevées à l'ennemi. Ceci fait bien voir les inconvénients de l'occupation restreinte à laquelle nous nous étions condamnés, et indique les conditions auxquelles est soumis le tracé de la limite d'occupation. Il faut que cette ligne soit tracée en avant des obstacles qui peuvent nous empêcher de déboucher en ligne de bataille, c'est-à-dire sur un front étendu. Ce n'est pas une barrière en arrière de laquelle nous entendions maintenir les forces actives de la défense ; c'est une ligne que nos troupes seront toujours prêtes à franchir et franchiront effectivement pour rayonner autour de la position centrale et écraser en détail les divers corps de l'armée ennemie ; c'est, en quelque sorte, une base d'opérations ; il faut donc qu'elle soit naturellement forte et quelle tire sa force des localités mêmes. Cette ligne est ainsi définie par la forme du terrain et par des considérations tactiques et stratégiques qui sont de la compétence de tous les militaires et pas seulement du ressort de l'ingénieur.

Tracé de la limite d'occupation extérieure. — Nos débouchés sont : au sud, la vallée de la Seine par le plateau d'Orléans ; les plateaux de Brie, vers l'est ; la route de Soissons au nord-est; celle du Havre par Pontoise; la route de Normandie par la vallée du ru de Gally, qui descend de Versailles vers l'ouest.

La ligne d'occupation extérieure passera sur les plateaux déchiquetés qui séparent ces débouchés, et qu'il nous faut occuper solidement pour appuyer les flancs d'une armée débouchant en plaine; sur ces plateaux mêmes, elle utilisera les coupures et anfractuosités du terrain, qu'on ne peut laisser aux mains de l'ennemi sans qu'il en profite pour fortifier lui-même sa position; on choisira de préférence, bien entendu, les vallons ou ravins qui découpent le terrain transversalement aux lignes d'opération.

La limite d'occupation tracée dans ces conditions suit la vallée de la Bièvre, s'avance vers le promontoire qui domine Palaiseau, ce qui est nécessaire pour dominer la vallée de Chevreuse jusqu'à laquelle nous n'osons proposer de nous étendre, franchit la plaine au sud de Paris en se dirigeant vers Villeneuve-Saint-Georges, emprunte la vallée de l'Yères jusqu'au contre-fort de Cerçay au-dessus de Brunoy, se retourne au nord le long du vallon du Réveillon, franchit la ligne de faîte à Montéty, en arrière d'Ozouer-la-Ferrière, à l'origine des ruisseaux qui descendent dans diverses directions; puis elle descend sur Torcy par le vallon du ru de Bussy, et se dirige sur le piton de Chelles, position splendide qui forme, sur la rive droite de la Marne, un point obligé, au milieu de la belle plaine de Vaires, Brou et Pomponne. Il est facile de s'assurer la possession du cirque qui entoure cette plaine; on occupera à cet effet, en avant, une position détachée vers Villevaudé. La limite d'occupation traverse, entre Courty et Vaujours, cette montagne mince, et se dirige sur Écouen. Au nord de Saint-Denis, le terrain devient très-difficile; les collines crayeuses orientées du nord-ouest au sud-est se succèdent en s'élevant progressivement. On est évidemment obligé de prendre pied sur le massif de Montmorency, et dès lors de se porter en avant jusqu'à la vallée du ruisseau de Longpré qui sépare la forêt de Montmorency de celle de l'Isle-Adam. On se résout aisément à ne pas occuper les plateaux plus élevés des forêts de l'Isle-Adam et de Carnelle, mais on ne saurait faire moins que de s'avancer comme nous l'avons indiqué, ce qui amène sur les bords de l'Oise, près de Méry-sur-Oise. Le débouché sur le nord-ouest nous serait fermé si nous laissions à l'ennemi les hauteurs de l'Hautie. Nous en prenons donc possession; puis la limite d'occupation passe sur la rive gauche de la Seine, en s'appuyant sur le petit contre-fort détaché de Marsinval, et elle vient rejoindre, à l'extrémité de la forêt de Marly, le promontoire de Sainte-Jamme, au-dessus de Feucherolles, position hors ligne qui commande toute la vallée du ru de Gally, et surveille les pentes qui forment jusqu'à Rocquencourt une ligne de fortification naturelle; laissant Versailles dans un rentrant, la ligne vient se fermer dans la vallée de Bièvre.

Comment sera constituée l'occupation extérieure? — Cette limite d'occupation, qu'il n'est pas possible de restreindre, est encore bien étendue, et serait inadmissible si les ingénieurs militaires avaient la prétention d'y établir un cordon de forts. Les considérations stratégiques qui en déterminent le tracé ne laissent aucun doute sur la manière dont elle doit être constituée. C'est par des batailles que l'ennemi tentera de la forcer, s'il ose s'y aventurer. Nous nous préparerons donc à livrer sur cette ligne des batailles défensives, et nous utiliserons à cet effet la force naturelle du terrain, à laquelle nous ajouterons la fortification de campagne la plus simple, la plus expéditive, celle qui donne aux troupes la solidité sans leur enlever la mobilité : la tranchée. On pourra, par la suite, les munir, sur certains points, d'abris blindés, comme ceux qui ont été exécutés par M. Viollet-Le-Duc pendant le bombardement des forts de l'Est et même les soutenir de distance en distance par des batteries et ouvrages de fortification passagère fort simples, servant de réduits. Ce n'est que pour occuper les points de première importance, ceux que le relief du sol indique comme étant la clef des positions, qu'on aura recours à la fortification permanente. Ce serait sortir du cadre de cette note que de traiter ici de la position et de l'organisation de ces ouvrages. Il suffira de dire qu'il vaudrait mieux réduire le nombre ou l'importance des travaux à construire sur cette ligne que d'en réduire l'étendue. Elle n'a rien d'arbitraire ; c'est le terrain qui la donne, et toute réduction par raison d'économie serait injustifiable. Il n'est pas en notre pouvoir de modifier les données naturelles de la question, et dans une guerre de positions, telle que doit la soutenir une armée qui se trouve dans une position centrale tactique et stratégique comme Paris, ce serait une faute grave que de renoncer aux avantages du terrain.

Positions intermédiaires entre les forts et la ligne d'occupation extérieure. — Entre les deux lignes que nous avons définies il y a des positions militaires importantes, et bien qu'elles ne possèdent pas au même degré les propriétés de celles sur lesquelles s'appuie notre limite d'occupation extérieure, il faut bien reconnaître qu'en 1870 nous nous serions estimés bien heureux de les avoir en notre pouvoir.

Ainsi les batailles du 30 novembre et du 2 décembre n'ont été livrées que pour nous empêcher de forcer la ligne de Montmesly, Chennevières, Brie-sur-Marne, Avron, le Raincy. Cette ligne, qui double et soutient la ligne extérieure à l'est, ne sera organisée que subsidiairement et au moment du besoin.

Au nord-ouest se trouve la chaîne de hauteurs Orgemont, Sannois, Cormeilles, qui ferme la boucle d'Argenteuil, maîtrise la vallée de Montmorency, rattache Paris avec la forêt de Saint-Germain et le confluent de l'Oise, et dont l'occupation assurerait nos communications dans cette direction, quand bien même l'ennemi se serait emparé du massif de la forêt de Montmorency. C'est là encore une occupation à organiser subsidiairement. Toutefois nous sommes d'avis de rattacher dès à présent la butte d'Orgemont à la ligne intérieure, pour fermer la lacune qui existe entre le mont Valérien et Saint-Denis, et que n'ont jamais fait disparaître les ouvrages intenables dont on avait commencé la construction dans la partie nord de la presqu'île de Gennevilliers. Orgemont se rattache au mont Valérien par Argenteuil et Bezons, la Seine faisant l'office de fossé.

Enfin les hauteurs au nord de Saint-Denis s'étagent par gradins, dont les plus rapprochés dominent les défenses de cette place et ont été occupés par les batteries ennemies. Il est clair que l'on devra disputer pied à pied les différentes parties du massif, les hauteurs de Rougemont, Taverny, Écouen, Andilly, avant de se retirer sur la butte Pinçon, au nord de Pierrefitte, et sur le mamelon au nord-est de Stains, position dont la défense sera le dernier épisode de la lutte extérieure. Elles sont susceptibles de résister énergiquement, et elles ont au dehors une action très-marquée. La butte Pinçon permet de développer une belle ligne de feux de flanc enfilant la vallée de Montmorency ; les hauteurs de Stains ont des vues analogues du côté de l'est, sur la rive droite de la Morée. L'ensemble de ces deux grands flancs peut être couvert par une inondation organisée en barrant, au-dessus d'Arnouville, le ruisseau du Rosne, qui descend de Sarcelles. Cette organisation ou toute autre analogue, qui se rattache immédiatement à la défense même de Saint-Denis, doit-elle être entreprise dès à présent ou comprise dans les travaux successifs que nécessitera la défense pied à pied des massifs du nord, travaux dont l'ordre d'exécution et l'importance varieront suivant les circonstances? Cela dépendra uniquement de ce qui sera décidé pour la défense extérieure. Si l'on ajourne toute l'organisation de la ligne d'occupation extérieure, il n'est pas douteux qu'on ne doive entreprendre sans retard les ouvrages de la butte Pinçon et de Stains, indispensables à la sécurité de Saint-Denis; si, au contraire, on s'installe aujourd'hui solidement sur la ligne extérieure, on peut, à la rigueur, ajourner des travaux qu'on aura le temps d'exécuter plus tard. Enfin, si la ligne extérieure, telle qu'elle sera fixée, passe par les hauteurs de Stains, les travaux sont à entreprendre prochainement. Ajoutons, pour terminer, que le grand bastion naturel formé au nord de Saint-Denis, par la butte Pinçon et les hauteurs de Stains, se rattache au massif du Raincy par la ligne de la Morée, Dugny, Pont-Iblon, le Blanc-Ménil, Aulnay, Sevran, sur laquelle les Prussiens avaient tendu une inondation au moyen des eaux de l'Ourcq, dispositions que nous pourrons adopter à notre tour, pourvu que nous nous réservions les moyens de déboucher en avant.

Positions très-éloignées. — Nous n'avons pas parlé, dans cette note, des positions plus avancées sur lesquelles s'appuierait une armée en cours d'opérations couvrant Paris. Telles seraient, à partir du nord, les hauteurs de la forêt de la Carnelle, Luzarches, Survilliers, Dammartin, Montyon, Meaux; la ligne de la Marne et du grand Morin se reliant par Faremoutiers et Rozoy à la ligne de l'Yères. Cette étude est en dehors de la question spéciale qui nous occupe; nous la mentionnons seulement, parce qu'elle rentre dans celle qu'une circulaire de juin 1872 recommande aux officiers du génie et à des commissions divisionnaires d'officiers supérieurs de toutes armes.

En résumé, nous croyons avoir établi que la défense de Paris nécessite : 1° une première ligne intérieure ou ceinture de forts détachés très-solidement organisés ; ligne à constituer immédiatement, nécessaire à la sécurité de la place, qu'elle met à l'abri du bombardement, et destinée à soutenir l'effort de la lutte suprême, si un siége est devenu possible ; 2° une seconde ligne d'occupation extérieure poussée jusqu'aux obstacles naturels, auxquels elle emprunte sa force, base d'opérations d'une armée qui opérera autour de la position centrale tactique et stratégique de Paris, ligne naturelle soutenue par un petit nombre d'ouvrages isolés très-solides, placés dans les positions d'importance capitale. Nous ne concevons pas d'autre système rationnel que celui-là, et nous repoussons comme funeste tout système mixte, tout compromis par lequel on sacrifierait à une fausse considération d'économie à la fois les nécessités de la défense extérieure par des opérations actives, et celles de la défense rapprochée par l'artillerie des forts et l'action de la fortification.

II

Dans la note qui précède, nous avons rappelé que Paris, objectif de l'ennemi dans une guerre d'invasion, constitue, tant par ses immenses ressources que par son admirable situation, une position centrale magnifique, dont les derniers événements ont mis en relief la force et la puissance. Il peut arriver d'ailleurs soit que Paris reste comme en 1870 abandonné à ses propres forces et n'oppose qu'une résistance passive, soit qu'il serve de point d'appui et de base d'opérations à nos armées, ainsi que cela aurait pu arriver si nos forces organisées n'avaient été s'engouffrer dans les désastres de Sedan et de Metz.

Ayant ainsi posé les données de la question, nous avons établi que le système défensif de Paris doit comprendre, outre l'enceinte continue actuelle, qui n'est qu'une simple chemise ou enceinte de surveillance :

1° Une première ligne intérieure ou ceinture de forts détachés très-solidement organisés, enceinte à intervalles à constituer immédiatement, nécessaire à la sécurité de la place, qu'elle met à l'abri du bombardement, et destinée à soutenir l'effort de la lutte suprême si un siége est devenu possible ;

2° Une seconde ligne d'occupation extérieure poussée jusqu'aux obstacles naturels auxquels elle emprunte sa force, base d'opérations d'une armée qui opérera autour de la position centrale tactique et stratégique de Paris, ligne naturelle soutenue par un petit nombre d'ouvrages isolés très-solides, placés dans les positions d'importance capitale. Nous avons indiqué les limites naturelles de cette occupation, les positions militaires sur lesquelles elle s'appuie, et en outre les lignes intermédiaires ou lignes de soutien comprises entre la ceinture des forts de Paris et la limite d'occupation extérieure.

Voilà pour les principes. Quant aux mesures à prendre, considérant qu'il s'agit, avant tout, de pourvoir à la sécurité de Paris en toute circonstance, nous plaçons en première ligne l'organisation de la ceinture de forts que nous venons de désigner sous le nom de ligne intérieure. La partie Est de cette ligne existe, constituée par des ouvrages plus ou moins défectueux qu'il faudra améliorer; au Nord, à l'Ouest et au Sud de Paris, on aura à construire des ouvrages neufs. La ligne d'horizon de Paris que nous voudrions leur voir occuper est une ligne de fait, imposée par les derniers événements militaires ; c'est celle que nous aurions dû posséder en 1870. Les différents points en sont bien connus de tous ceux qui ont pris part à la défense de Paris, et dans le cours du siége l'opinion publique a été unanime pour en réclamer l'occupation ou en déplorer la perte.

Quant à la défense de la ligne extérieure, sans l'ajourner indéfiniment, nous pensons que l'organisation n'en doit venir qu'après celle du noyau central. Des ouvrages éloignés les uns des autres comme peuvent l'être ceux de la ligne extérieure n'auront de valeur réelle qu'autant qu'on aura constitué un noyau solide.

Objections faites au système proposé. — A la suite des études et des discussions récentes auxquelles a donné lieu le système défensif de Paris, les idées que nous venons d'énoncer ont rencontré à la fois des partisans convaincus et des adversaires non moins dignes d'attention. Ces derniers ont qualifié à tort l'enceinte de forts de la ligne intérieure du nom de système de défense restreint, comme si ce prétendu système restreint était proposé à l'exclusion de toute occupation extérieure; on a, par suite, opposé au projet que nous aurions voulu voir adopter divers projets qu'on désigne sous la qualification, peu justifiée, de projets étendus ou projets de défense éloignée, bien qu'on y reste généralement en deçà des positions dont l'occupation nous paraît indispensable si l'on veut assurer à l'action extérieure de l'armée de Paris toute l'efficacité qui résulte de l'emploi bien entendu de la fortification permanente, de la fortification de campagne et surtout du terrain. Il n'entre pas dans nos vues de faire la critique de chacun de ces projets qui ont le défaut commun de subordonner la défense de Paris à la présence sous ses murs d'une armée nombreuse, hypothèse qui peut fort bien ne pas se réaliser, et dans le cas où cette armée serait effectivement réunie de ne pas lui assurer le champ d'occupation le plus favorable à ses opérations. Nous nous contenterons de relever quelques objections faites un peu légèrement contre l'occupation de la ligne d'horizon de Paris. Quant aux projets mixtes qui ne satisfont à aucune des conditions que doivent remplir la ligne intérieure ou enceinte à intervalles de Paris et la ligne d'occupation extérieure, nous nous sommes déjà prononcé très-nettement contre leur adoption dans la note précédente.

On a prétendu que des forts construits au sommet des hauteurs qui dominent Paris seraient en danger, à cause du voisinage des bois, ce qui permettrait à l'ennemi de se glisser entre ces ouvrages et de les faire tomber. A cette observation on peut répondre que de tout temps les bois ont, au contraire, été considérés comme utiles à la défense, et que sur la zone frontière, où le service du génie avait le droit d'intervenir, on a opposé systématiquement l'intérêt militaire aux demandes de défrichement faites par les populations. Le parti que les armées allemandes ont su tirer de l'occupation de nos bois dénote simplement plus d'habileté de leur part que de la nôtre; mais ce n'est pas un argument à invoquer contre l'occupation des terrains boisés. Avec un peu d'ordre, de méthode, de connaissance du terrain, d'instruction pratique de la part des troupes d'infanterie, nous pouvons rendre les plateaux de Garches et de la Celle Saint-Cloud aussi inaccessibles à l'assaillant qu'ils l'ont été pour nous le 19 janvier 1871. La défense en sera même facilitée par l'existence des forts projetés, qui, en arrière des points avancés occupés par les troupes, constitueront de bons réduits, des points d'appui solides, des batteries puissantes enfilant les vallées et les portions déboisées. A nos yeux, les forts sont des réduits et non des postes avancés. Aussi, au lieu de les porter du côté de l'ouest jusqu'aux terrains escarpés qui s'étendent entre Bougival et Versailles, ainsi que la proposition en a été faite, nous préférons traiter cette ligne avancée comme une simple ligne d'observation, occupée, suivant le terrain, par des troupes postées dans des tranchées ou des ouvrages de campagne, et la soutenir en arrière par une ligne puissamment organisée pour la lutte.

La fortification n'agit pas par elle-même ; c'est une arme qui renforce l'action des défenseurs, mais ne saurait y suppléer. Ce serait donc bien mal comprendre le rôle de la fortification et celui des troupes qui occupent une position fortifiée que de supposer qu'ayant entouré par une ligne de forts le plateau de Châtillon, le cirque de Meudon, le plateau de la Bergerie, on pût négliger de surveiller les contre-forts et les plis de terrain qui échappent à leurs vues directes, en les faisant occuper par des postes avancés, sous la protection de l'artillerie à longue portée des forts.

Quoi qu'il en soit, c'est avec satisfaction que nous reconnaissons chez nos contradicteurs une tendance à réclamer l'appui de la fortification pour les opérations faites dans un rayon éloigné de Paris, à reconnaître que la fortification peut seule assurer aux opérations militaires la stabilité qui leur manque et la sécurité qui leur fait défaut, puisque sans places fortes, permanentes ou de circonstance, le sort d'une armée est à la merci d'une seule défaite. Il reste seulement à examiner dans quelle mesure il convient de commeneer l'organisation de la ligne extérieure et à régler l'ordre d'urgence pour l'exécution des travaux, en commençant par l'occupation des points qui assurent la plus grande action au dehors.

Résultat d'une occupation à l'est de Paris. — Examinons d'abord les plateaux de la Brie, qui se trouvent du côté de l'arrivée de l'ennemi. Quelles que soient les forces dont on disposera pour la défense de Paris, au lieu de les concentrer dans cette place à l'approche de l'ennemi, il paraît rationnel de se porter au devant de l'assaillant, pour lui tenir tête, lui disputer le terrain pas à pas, sans d'ailleurs trop engager la lutte, à moins que l'issue n'en paraisse manifestement avantageuse, prendre des positions successives suivant le terrain, et par là, l'obliger tout au moins à ralentir sa marche, à n'avancer qu'avec précaution, à masser ses forces, à livrer combat dans des conditions défavorables. Cette retraite successive amènera l'armée de défense sur la ligne que nous avons définie comme limite d'occupation extérieure, et qui s'étend de Vaujours à Villeneuve-Saint-Georges, en s'appuyant sur les positions de Chelles, Torcy, Montéty, au point de partage des eaux, Cerçay sur l'Yères et le Réveillon. Cette ligne, couverte par de vastes massifs forestiers, où nous nous établirons solidement, et d'où l'ennemi aura grand'peine à nous débusquer, soutenue en arrière et reliée avec Paris par une série de positions intermédiaires, Bonneuil, Chenevières, Bry-sur-Marne, Avron, le Raincy, est très-belle, et son occupation assurera les résultats les plus importants. Elle enlève d'abord à l'ennemi l'usage des routes, des rivières, des chemins de fer qui aboutissent à Lagny et à Villeneuve-Saint-Georges, nœud de communications qui tend encore à se compléter. La difficulté qu'il éprouve à s'approvisionner en matériel de guerre et de siége en est augmentée d'autant. L'armée de défense, occupant les plateaux de la Brie, est en mesure de profiter de chaque occasion pour agir sur la ligne d'opérations de l'ennemi en franchissant la limite d'occupation sur n'importe quel point, le plateau sur lequel elle devra opérer étant partout praticable. Elle maintient sous sa dépendance les plaines qui s'étendent au nord et au sud de la ligne de Vaujours, Villeneuve-Saint-Georges, et peut déboucher sur les flancs d'un ennemi assez audacieux et assez confiant dans sa supériorité numérique pour passer outre et tenter de recommencer à investir Paris. Quoi qu'il arrive, l'ennemi ne se hasardera plus à défiler, comme en 1870, tout près de nos positions, pour atteindre Versailles et couper ainsi la communication de Paris avec l'ouest; il sera obligé de faire un grand détour en reculant son aile droite, et c'est par le sud et non plus par l'est qu'il abordera le plateau déchiqueté qui s'étend au sud-ouest de la capitale. Au lieu d'y pénétrer par les vallées de la Bièvre et de Chevreuse, qui étaient ouvertes en 1870, l'ennemi devra franchir successivement la Seine et peut-être l'Essonne, l'Orge, l'Yvette, la Bièvre, opérations que le terrain rendra fort difficiles, surtout ces trois dernières, si l'on veut bien se donner la peine d'y mettre obstacle. Une occupation à l'est de Paris aura donc indirectement une influence des plus caractérisées sur la défense des plateaux du sud-ouest, en ce qu'elle obligera l'ennemi à aborder de front, au lieu de les prendre par leur flanc gauche, les anfractuosités naturelles qui couvrent Versailles.

Objet d'une occupation au nord-ouest sur la rive droite de la basse Seine. — Les communications de Paris avec le pays, au point de vue surtout du ravitaillement de ce centre de consommation, doivent être naturellement établies du côté de l'ouest, à l'opposé de l'ennemi, et de préférence avec le Havre, qui est le port de Paris. Il semble que la nature y ait pourvu. Le grand massif de calcaire crayeux qui sert de base à la région nord-ouest du bassin de Paris s'est fissuré dans la direction du nord-ouest au sud-est, et chacune de ses fissures parallèles est devenue une petite vallée étroite, escarpée, parcourue par un cours d'eau. La direction de ces vallées est celle de toutes les rivières qui aboutissent à la Manche, au nord de la Seine. La Somme, la Bresle, l'Yères, l'Arques, la Béthune, la Seye, la Saane, la Durdan, etc. La vallée de la Béthune part de Dieppe pour aboutir à Forges, point stratégique dont l'importance a été reconnue de toute antiquité, et se prolonge en ligne droite par la vallée du Thérain, petite rivière qui, après avoir traversé Beauvais, se jette dans l'Oise à Creil. Cette fissure calcaire, parallèle à la Seine, à six ou huit lieues au nord de cette rivière, est par courue par le nouveau chemin de fer de Creil à Dieppe : c'est aussi par là qu'on faisait passer un canal maritime dans un projet de Paris port de mer qui a été longtemps exposé au palais de l'Industrie. Entre cette ligne de défense naturelle et la Seine se trouve la route du Havre, couverte ainsi au nord et au sud. Cette route franchit l'Oise à Pontoise, non loin des massifs des forêts de Montmorency, de l'Isle-Adam et de la Carnelle. L'occupation de ces belles positions au nord de Paris, en y rattachant celle des hauteurs de l'Hautie, nous assure le passage de l'Oise et, par suite, nos communications avec le Havre : c'est la mesure qui nous paraît la plus utile après l'exécution des travaux de fortification du plateau de la Brie. La chaîne de hauteurs Orgemont-Sannois-Cormeilles et les nombreux replis formés par la Seine donnent une grande sécurité à une occupation étendue de ce côté, malgré l'éloignement relatif de l'Hautie. La possession des diverses boucles de la Seine comporte l'occupation de Marsinval et du promontoire de Sainte-Jamme, qui maitrise la plaine de Versailles et surveille la ligne de pentes qui s'étend en ligne droite au nord de Versailles jusqu'à la butte de Picardie.

Occupation de la région sud-ouest. — Il nous reste à examiner la troisième région de la limite extérieure d'occupation, celle qui couvre Versailles. Nous n'hésitons pas à la classer tout à fait en dernier ordre d'urgence. Ainsi que nous venons de le faire voir, la meilleure défense de Versailles consiste dans l'occupation de Villeneuve-Saint-Georges et Cerçay, qui force l'ennemi à attaquer Versailles par le sud, et qui donne par suite aux ravins de Bièvre, de Chevreuse et de Montlhéry toute leur valeur défensive. D'un autre côté l'occupation de Versailles ne tend pas aussi immédiatement que celle de la rive droite de la basse Seine à étendre l'action de Paris à l'extérieur et à en assurer le ravitaillement. Quant à l'importance particulière de Versailles, elle nous échappe complétement. Ce n'est pas, comme Paris, un centre de population, de communications, d'industrie, d'approvisionnement, de ressources de toute espèce. Le séjour du gouvernement a donné à cette ville une animation passagère ; mais il ne faut pas perdre de vue que dans le cas d'une nouvelle invasion le gouvernement central ne devrait être ni à Versailles ni à Paris ; il ne faudrait à Paris qu'un gouvernement militaire comme dans toute autre place de guerre.

Il peut se faire que certaines positions fortifiées, obtenues en groupant nos places fortes, aient, suivant la direction des attaques, deux centres d'action. C'est ce qui pourra arriver, par exemple, pour Mézières et Sedan quand on en aura complété les défenses en reliant ces places l'une à l'autre. Il ne s'ensuit pas de là que Paris et Versailles puissent être également considérés comme les deux pôles d'un même système défensif, qui s'appuierait soit sur l'un, soit sur l'autre, suivant les circonstances. En présence d'un centre comme Paris, les villes secondaires disparaissent. Il n'y a ici qu'un centre unique et c'est celui-là qu'il faut couvrir.

On aurait tort de juger de l'importance militaire de Versailles par ce fait que pendant le siége de Paris l'ennemi y avait établi son grand quartier général. L'amour-propre germanique était flatté de ce que le roi Guillaume se fît proclamer empereur d'Allemagne dans le palais de Louis XIV, et cela suffisait bien pour motiver le choix d'une résidence peu avantageuse au point de vue purement militaire. On sait par les témoignages les plus concordants que l'installation des Prussiens à Versailles a toujours été précaire, et qu'au moindre mouvement offensif de l'armée de Paris, ils se disposaient à évacuer Versailles, de peur d'y être coupés de leur ligne d'opérations. Que viendrait donc faire l'ennemi dans cette ville, en présence des forts que nous proposons de construire autour du cirque de Meudon, en avant de Saint-Cloud, et à Garches, pris de flanc par Villeneuve-Saint-Georges et ayant à dos les armées de l'intérieur.

Versailles est, en résumé, le point le plus fort du périmètre de Paris, surtout si nous occupons le plateau entre Seine et Marne; c'est le plus facile à défendre, le moins exposé et le moins utile pour nous assurer une action extérieure. C'est pourquoi nous ne plaçons qu'en troisième ligne les travaux de défense à y exécuter.

Résumé. — En résumé, nous croyons à la nécessité d'occuper autour de Paris deux lignes naturelles, l'une rapprochée et à organiser très-solidement; l'autre éloignée, se rattachant aux opérations de guerre par lesquelles l'armée de défense obligera l'ennemi à rester en force sous Paris. Nous nous croyons bien près d'être d'accord au fond avec des opinions en apparence éloignées de la nôtre.

Les partisans de la ligne intérieure, qui soutiennent avec raison que les événements du siége de 1870 auraient pris une tout autre tournure si, à cette époque, nous avions eu en notre pouvoir les positions occupées par notre ceinture de forts projetés, ceux-là même ne contestent pas d'une manière absolue l'utilité que présenterait pour nous la possession de plusieurs points éloignés, permettant de manœuvrer sur les flancs et les communications de l'ennemi; mais comme la possibilité de ces manœuvres est subordonnée à l'existence d'une armée de défense sous Paris, ils laissent au chef de cette armée le soin d'occuper cette ligne éloignée suivant les ressources dont il disposera en faisant usage de tranchées et d'ouvrages de campagne, ce qui peut paraître suffisant eu égard à la force naturelle que cette ligne tire déjà du terrain. Cet ajournement indéfini de l'organisation de la ligne extérieure nous semble toutefois regrettable, parce que le temps peut manquer au dernier moment pour élever les ouvrages de fortification passagère dont on aura besoin; mais nous devons reconnaître que si les mesures d'exécution ont été prises à temps et si les troupes sont employées avec intelligence, en tirant du terrain tout le parti possible, la ligne extérieure, complétée par des travaux de circonstance, sera déjà d'une assez forte défense par elle-même pour atteindre le but qu'on se propose et qui est de combattre avec l'avantage de la position et du terrain.

Quant à ceux qui demandent que l'on commence par l'organisation de la ligne éloignée, ils ne peuvent prétendre que les forts qui jalonneront cette ligne dispensent de fortifier des positions en arrière soit sur les lignes intermédiaires, soit sur l'horizon de Paris; ils ajournent seulement l'exécution de ces travaux soit au moment du besoin, soit à l'époque où la grande ligne sera terminée. Nous avons tout lieu de croire que la crainte de voir ajourner indéfiniment les forts éloignés, si l'on se décidait à compléter d'abord la ligne intérieure, les porte à s'exagérer la sécurité que donnerait l'occupation d'une ligne aussi étendue avec des troupes qui manqueront peut-être de solidité, d'instruction et de moral, circonstances déplorables sans doute, mais qui peuvent se présenter de nouveau et qu'il faut faire entrer en ligne de compte.

Paris, en effet, n'est pas une place ordinaire où l'on puisse négliger l'influence de la population. C'est une ville très-impressionnable, nerveuse, à laquelle il faut garantir une sécurité absolue, sous peine d'être obligé de partager ses préoccupations et ses forces entre les dangers du dehors et ceux de l'intérieur. Il ne s'agit pas de faire ici des théories sur les qualités ou les défauts de la population parisienne, il faut prendre les choses comme elles sont. La sécurité absolue que nous réclamons, la ligne extérieure la garantira-t-elle à elle seule? Non. En raison de son étendue on ne peut ni la considérer ni la constituer comme une enceinte à intervalles, ainsi que nous avons défini la ceinture de forts de la ligne intérieure; ce sera, quoi qu'on fasse, une ligne présentant des lacunes qui seraient sans inconvénients si en arrière il y avait pour protéger la capitale une ligne très-solide hermétiquement close, lacunes où l'ennemi ne s'engagera pas s'il sait qu'il y a au delà des obstacles insurmontables, qu'il y sera certainement retenu assez longtemps pour y rester exposé sur ses flancs et ses derrières aux retours offensifs de l'armée de défense. On serait, au contraire, dans un état permanent d'inquiétude si une poussée vigoureuse de l'ennemi sur un point faible de la ligne extérieure pouvait l'amener soudainement au cœur de la position, et lui permettait de tourner à la fois toutes les forces disséminées sur la ligne extérieure en s'emparant de Paris à la faveur de l'émotion produite par son apparition ou d'une agitation habilement préparée. Il n'en faut pas plus pour enlever à ces troupes la sécurité et la liberté d'action qui leur sont nécessaires; faute de donner à cette armée l'appui qu'elle pourrait attendre de la ceinture de forts de la place de Paris, on l'exposera à être épuisée par une inquiétude incessante, paralysée dans ses moyens d'action, maintenue sur ses positions, en éveil, mais inactive, et, somme toute, dans l'impossibilité de réaliser les opérations actives en vue desquelles la ligne extérieure doit être constituée.

La question d'économie a été mise en avant pour justifier des projets incomplets. Il faudrait semer bien des millions le long de la ligne extérieure pour n'arriver qu'à un résultat insuffisant; cette ligne est déjà par elle-même si favorable à une défense active que l'amélioration résultant de quelques ouvrages éparpillés sur cet immense périmètre serait relativement peu sensible. La même somme appliquée d'abord au complément de la ligne intérieure donnera au contraire un premier résultat essentiel, la constitution d'un noyau solide, pour ainsi dire invulnérable, au centre de la position; on pourra ensuite, si l'on a de nouvelles ressources, les appliquer à étendre l'action de Paris en suivant l'ordre d'urgence établi dans ce travail.

Nous estimons, en un mot, qu'il faut, avant tout, rectifier et compléter la ceinture de forts qui doit constituer autour de Paris une enceinte à intervalles, noyau de la défense. On passera ensuite à l'organisation de la défense éloignée par l'emploi combiné de la fortification et des opérations tactiques et stratégiques autour de la position centrale de Paris; à cet effet, on occupera en premier lieu, à l'est, les positions de Vaujours à Villeneuve-Saint-Georges; si les ressources dont on disposera le permettent, on occupera ensuite les massifs qui assurent la défense de l'Oise et de la basse Seine; enfin nous plaçons en troisième ordre d'urgence les travaux à exécuter dans la région sud-ouest au delà de Versailles.

EXTRAIT DU CATALOGUE

ARTILLERIE (L') de campagne française; étude comparative du canon rayé français et des canons étrangers. Br. in-8°. 1 fr. 50

BORMANN. — Nouvel obus pour bouches à feu rayées. Br. in-8° avec planche . . . . 2 fr.

CHARRIN. — Le revolver, ses défauts et les améliorations qu'il devrait subir au point de vue de l'attaque et de la défense individuelles. Br. in-8° . . . . 1 fr.

CHARRIN. — De l'emploi d'un abri improvisé, expéditif et efficace pour protéger le fantassin contre les balles de l'ennemi. Le hâvre-sac pare-balles. Br. in-8° avec figures. . . 1 fr. 25

COYNART (DE). — Précis de la guerre des États-Unis d'Amérique. 1 vol. in-8° . . . . 5 fr.

COSTA DE SERDA. — Les chemins de fer au point de vue militaire. Extrait des instructions officielles et traduit de l'allemand. 1 vol. in-8° . . . . 3 fr.

FIX. — La télégraphie militaire; résumé des conférences faites à l'École d'application du corps d'état-major. Br. grand in-8° avec planche. . . . . 2 fr. 50

FRITSCH-LANG. — L'artillerie rayée prussienne à l'attaque de Düppel, d'après les auteurs allemands. Br. in-8° avec carte. 2 fr. 50

GRATRY. — Essai sur les ponts mobiles militaires. 1 vol. grand in-8° avec planches. . . . . 8 fr.

GRATRY. — Description des appareils de maçonnerie les plus remarquables employés dans les constructions en briques. 1 vol. grand in-8° avec de nombreuses gravures sur bois . . 6 fr.

HENRY. — Essai sur la tactique élémentaire de l'infanterie, mise en rapport avec le perfectionnement des armes. Br. in-8° avec figures . . . . 2 fr.

LE BOULENGÉ. — Études de balistique expérimentale. Détermination, au moyen de la clepsydre électrique, de la durée des trajectoires; expériences exécutées avec cet instrument; lois de la résistance de l'air sur les projectiles des canons rayés déduites des résultats obtenus. Br. in-8° avec planches. . . . 4 fr.

LECOMTE. — Études d'histoire militaire, antiquité et moyen âge. 1 vol. in-8° . . . . 5 fr.

LECOMTE. — Études d'histoire militaire, temps modernes jusqu'à la fin du règne de Louis XIV. 1 vol. in-8°. . . . . . . 5 fr.

LECOMTE. — Guerre de la Prusse et de l'Italie contre l'Autriche et la Confédération germanique en 1866; relation historique et critique. 2 vol. grand in-8° avec cartes et plans. . 20 fr.

LECOMTE. — Guerre de la sécession; Esquisse des événements militaires et politiques des États-Unis, de 1861 à 1865. 3 vol. grand in-8° avec cartes. . . . . 15 fr.

LECOMTE. — Le général Jomini, sa vie et ses écrits. Esquisse biographique et stratégique. 1 vol. in-8° avec carte. 7 fr. 50

LIBIOULLE. — Le revolver Galand, nouveau système à percussion centrale et extracteur automatique. Br. in-8° avec fig. 1 fr.

LULLIER. — La vérité sur la campagne de Bohême en 1866, ou les quatre grandes fautes militaires des Prussiens. Br. in-8°. 1 fr.

MANGEOT. — Traité du fusil de chasse et des armes de précision, nouvelle édition. 1 vol. in-8° avec figures dans le texte, et planches . . . . 5 fr.

MARNIER. — Souvenirs de guerre en temps de paix : 1793, 1806, 1823, 1862, récits historiques et anecdotiques extraits de ses Mémoires inédits. 1 vol. in-8° . . . . 3 fr.

MOSCHELL. — De l'effet du tir à la guerre et de ses causes perturbatrices. Br. in-8°. . . . . 1 fr.

ODIARDI. — Des nouvelles armes à feu portatives adoptées ou à l'étude dans l'armée italienne. Br. in-8° avec planche. . 2 fr.

ODIARDI. — Des balles explosibles et incendiaires. Br. in-8° avec planche. . . . . 2 fr.

PIRON. — Manuel théorique du mineur; nouvelle théorie des mines, précédée d'un exposé critique de la méthode en usage pour calculer la charge et les effets des fourneaux, et d'une étude sur la poudre de guerre. 1 vol. grand in-8° avec pl. 12 fr.

PIRON. — Essai sur la défense des eaux et sur la construction des barrages. 1 vol. grand in-8° avec planches. . . . 6 fr.

PLOENNIES (DE). — Le fusil à aiguille, notes et observations critiques sur l'arme à feu se chargeant par la culasse, traduit de l'allemand par E. Heydt. Br. in-8° avec planche. . . . 3 fr.

QUESTIONS de stratégie et d'organisation militaire relative aux événements de la guerre de Bohême, par un officier général (Jomini). Br. in-8° . . . . 1 fr.

www.ingramcontent.com/pod-product-compliance
Ingram Content Group UK Ltd.
Pitfield, Milton Keynes, MK11 3LW, UK
UKHW021040220726
13924UKWH00001B/432